Soy el amor de mi vida

La pequeña guía de bolsillo para las afirmaciones positivas

de Nadine Simmerock

AF176586

El poder del pensamiento positivo

¡Este librito es el resultado de muchos años de trabajo! Me encanta mi trabajo y siempre he tratado de que cada persona consiga llegar a su poder propio.

¿Qué es importante en este camino?

Para mí, un componente importante de mi propia curación y fortaleza es claramente el poder del pensamiento propio. Este poder espiritual del pensamiento positivo. ¡Este poder espiritual del pensamiento positivo es una herramienta increíblemente excelente para el éxito!

El uso adecuado de la Mente Consciente es la clave para vivir una vida sana, plena, feliz y próspera.

¡Cada pensamiento es energía! ¡Cada pensamiento envía su energía! Entonces, cada pensamiento siempre conduce a un sentimiento.

¡Cada sentimiento siempre conduce a una acción y cada acción crea un resultado!

¡Todo es energía y por eso es tan importante dirigirla consciente y positivamente!

Si no estamos satisfechos con el resultado, entonces no debemos mirar hacia afuera / al resultado, no, entonces debemos mejorar y renovar nuestros pensamientos de inmediato.

Uno de los secretos del éxito es el poder de las afirmaciones / de los encantamientos.

Una afirmación / un encantamiento le da a nuestro pensamiento una dirección clara y ayuda a no perderse en el pantano de las ambigüedades, la desesperación, la confusión y la autoacusación.

Una afirmación / un encantamiento positivo puede cambiar e incluso salvar una vida.

Solo debes mirar de no recitar las afirmaciones / el encantamiento de arriba abajo sin más, sino comenzar a sentirlas.

Deberías prosperar con ello y, por lo tanto, neutralizar una mentalidad incorrecta que conduce a sentimientos incorrectos y, por lo tanto, a acciones incorrectas y, en última instancia, a resultados incorrectos.

Con el tiempo, comenzará a desarrollar el poder de pensamiento positivo y a entrenar su fuerza espiritual.

En poco tiempo, comenzará a crear excelentes resultados y a obtenerlos porque se ha convertido en un imán para la positividad.

El pensamiento positivo inspira, te hace más fuerte, anima y trae paz interior, te hace feliz y, sobre todo, ¡PODER PROPIO!

El poder propio siempre da el sentimiento: "¡Puedo hacerlo!", "¡Puedo conseguirlo!". ¡Entonces vamos!

¡Diviértete construyendo tu pensamiento positivo!

© 2022, Nadine Simmerock
Impresión y editorial: BoD – Books on Demand
info@bod.com.es - www. bod.com.es
Impreso en Alemania – Printed in Germany
ISBN 9783755799078

Las afirmaciones positivas

Puedes llevarte este librito a donde quiera que vayas, por eso está hecho de este tamaño y hay espacio libre para que TÚ lo dejes crecer. Agrega nuevas afirmaciones que te gusten.

¡Está pensado como LIBRO DE TRABAJO!

Diséñalo tú mismo. Pon las cosas que deseas lograr o simplemente conviértete, como yo, en una cazadora / un cazador de afirmaciones.

¡Esto automáticamente lleva tu enfoque a una dirección positiva y aprenderás a concentrarte en lo positivo de la vida!

Estoy seguro de que con el tiempo este libro será tu compañero constante y un marco básico en todas las situaciones.

Y lo mejor es que es tu creación, no solo piensas positivamente, sino que tu mundo de emociones será hermoso, por lo tanto tus acciones y tus resultados te traerán mucha alegría!

¡Haz de tu vida una obra maestra!

Siempre que necesites un pensamiento positivo, simplemente abre el librito y elige una afirmación, ¡o simplemente comienza a leer!

Pero también puedes elegir una afirmación por la mañana que te acompañará durante todo el día, sin importar lo que estés haciendo o lo que pase. Manténte enfocado en esta afirmación.

Como ya se ha dicho, hay un espacio a cada lado para escribir tus propias afirmaciones favoritas o para escribir notas positivas o para pegar imágenes.

¡Ahora te deseo sinceramente mucha diversión y alegría al crear tu vida!

¡El pensamiento positivo cambia a las personas y es absolutamente milagroso!

Soy el amor de mi vida

Soy amor y déjame amarme ahora

Yo quiero

Estoy lleno de amor

El amor llena mi corazón ahora, soy fuerte y amable

Mi mundo interior ahora está creando mi mundo exterior

Pienso como un millonario

Todo y todos me traen suerte ahora

El amor absoluto ahora está haciendo su trabajo perfecto en esta situación y todo está bien.

El amor desborda mi vida de felicidad, alegría y paz.

Los milagros ahora siguen a los milagros

Yo soy la energía

Soy la suerte

Yo soy el éxito

Ahora estoy pasando del éxito a un mayor éxito, de la felicidad a una mayor felicidad, y de un milagro a otro.

El amor debería latir en mi para siempre

Tengo un corazón alegre y amoroso, y ahora estoy empezando a vivir mi vida llena de fuerza.

Soy cariñoso/a y adorable

Soy lo más lindo/a que hay, me quiero a mi misma/o

Es mi trabajo creer en mi y confiar en mi

Soy pura alegría

Estoy encantada/o y disfruto mi vida
Perdono y ahora suelto todo

El poder milagroso del universo ahora está haciendo su trabajo perfecto

El Cristo en mí perdona al Cristo en ti y el Cristo en ti perdona al Cristo en mí

Amo mi vida y estoy tan bendecida/o

Todo lo que toco se vuelve oro

Hay polvo dorado en el aire para mí y ahora atraigo resultados de polvo dorado.

Deseo lo más grande y lo mejor en la vida y ahora atraigo lo más grande y lo mejor para mí.

Solo hay abundancia en mi vida

Soy un imán irresistible de felicidad, amor, alegría y abundancia.

Estoy agradecido/a por hacer que cada día sea más rico/a, en todos los sentidos.

Me dejo ir, me relajo y confío

Vida, vida, vida: la fuerza vital late en mí.

La fuerza divina fluye a través de mi ser

Yo soy la fuerza

Yo soy el poder del bien

Yo soy el/la bueno/a

Soy una ganadora
Soy un ganador

Tengo perseverancia

Sigo adelante y estoy decidido/a a lograr lo
que quiero

Todo y todos siempre me traen felicidad y yo
a todos los demás

Todo y todos contribuyen a mi felicidad ahora

Soy un imán irresistible de felicidad, amor, alegría, luz y belleza.

Este es un mundo rico y alegre

Soy una bendición para este mundo

Yo soy la abundancia y es una bendición conocerme

Cada momento cuenta y por eso siempre lo doy todo

Estoy tan feliz que por eso no puedo dejar de reír

Amo mi vida

Soy muy bueno/a en lo que hago y gracias por mi maravilloso trabajo.

Soy más grande que cualquier problema. Puedo lidiar con cualquier problema y crecer con él.

Siempre me concentro en mis oportunidades y logro mi objetivo

Siempre encuentro una solución y dejo que el universo trabaje para mí

El universo es para mi

Voy a empezar ahora de verdad

Creo y uso mi fuerza para el bien

La abundancia creativa ahora fluye a través de mi vida y fluye hacia mí en abundancia.

Amo lo mejor y más grande de todas las personas y ahora estoy atrayendo a las mejores y más grandes personas a mi vida.

Cuando se cierra una puerta, se abre automáticamente una puerta más grande, mejor y con suerte

Deslumbra amor y energía positiva

Soy bueno

Escucho mi voz interior, está en conexión directa con mi ser superior y mi corazón.

Soy un regalo y actúo con todo mi corazón

Soy un ángel

Le agradezco el pago completo e inmediato de todas las obligaciones financieras.

Nada más que lo bueno puede entrar en mi vida porque los ángeles me protegen

La salud de mi yo superior se está manifestando en mí ahora.

Te agradezco por la salud, la juventud y la belleza constante.

La sabiduría de Dios me guía con seguridad y siempre estoy en el lugar correcto en el momento correcto

Dejo que la sabiduría fluya a través de mí y siempre encuentro una solución.

Creo firmemente en mi éxito

Hay suficiente felicidad y éxito para todos, ahora estoy feliz de tener éxito

Toda la amargura y la creencia en la injusticia me están abandonando a mí y a mi vida ahora. La reparación divina está trabajando en mi vida ahora

Experimento una salud perfecta porque creo en el poder regenerador de la energía vital.

Traigo los ricos dones de Dios a la vida en mí y a mi alrededor y estoy feliz por los ricos éxitos.

Estoy bendecido/a con felicidad, éxito y buena suerte.

Mi pensamiento positivo ahora surge en forma de ricas ideas y ricos resultados.

Ahora estoy siendo llenado/a con el poder positivo del universo

La paz interior me llena por completo

El amor divino ahora se expresa a través de mí y llena mi vida.

No es mi voluntad, pero me dejo ir y comienzo a relajarme y dejo que la voluntad divina funcione

Vivo mi fuerza y la expreso a través de mis acciones

En mí y en mi vida solo hay abundancia, amor, felicidad y alegría.

En verdad, todos estamos rodeados de cosas hermosas, ahora abro los ojos y miro al mundo lleno de asombro.

Todas las puertas financieras ahora están abiertas, los canales financieros ahora están libres y ahora me llega una abundancia infinita

Uso el poder del universo en sabiduría

Ahora merezco y recibo ayuda divina

Dejo que me ayuden

Espero grandes cosas y grandes cosas están por suceder, las espero con ansias

Mi dinero empieza a crecer ahora

Agradezco ser rico/a, saludable y feliz ahora.

Cada día me hago más y más rico de todas las formas imaginables e impensables

Solo hay abundancia en mi vida

Me veo hermosa/o, adorable y amada/o

Estoy orgulloso/a de ser yo

El amor divino ahora está tomando el control de mi vida y todo está en orden divino.

Pido que los efectos de la situación estresante, en todas las direcciones del tiempo, se resuelvan y se curen ahora.

El plan divino de mi vida ahora se desarrolla paso a paso y lo estoy viviendo

Ninguna persona y ninguna circunstancia externa puede quitarme mi paz interior, mi alegría interior y mi felicidad.

Dejo ir mi pasado ahora y sigo adelante con un corazón libre y amoroso.

No hay críticas en mí ni en mi contra. La más alta ley de lo bueno obra en mi vida.

Brillo de fervor y entusiasmo por hacer las cosas que debo hacer

Soy importante y sé que se cumplirán todos los deseos de mi corazón. Pongo energía y actúo en consecuencia

Con Dios todo es posible

Empiezo y termino mi día pidiendo la guía amorosa de los ángeles. Me acompañas y me dejo guiar

El universo es mi socio y me entrego a él ya los problemas. El universo es siempre para mi y todo esta bien

Espero abundantes suministros hoy y gracias por ello.

Queridos ángeles, les pido que me protejan a mí, a mi familia y a todos mis amigos.
Guíanos y solo surgirá el bien

Este es un universo rico en el que hay suficiente para todos: yo, tú y todos nosotros.

Solo obtengo cosas buenas ahora y las acepto ahora

Ahora estoy diez veces en mis pensamientos: amor, alegría, salud, belleza, risa, ... y vívelo.

Querido Arcángel Miguel, por favor corta la conexión del miedo ahora y reemplázalo con energía, fuerza y poder.

Hoy solo me centro en lo bueno de mi vida, en lo que amo, de lo que estoy orgulloso y de lo que estoy agradecido.

Hoy les digo gracias ... a ... (enumera todo por lo que puede estar agradecido ahora)

Amo a todas las personas y todas las personas me aman

¡Con la ayuda de Dios, ahora estoy brillando de alegría, amor y abundancia! Soy como una estrella

Solo ocurren milagros en mi vida, porque el poder milagroso me llena a mí y a mi vida

El amor perdonador de la conciencia espiritual unificadora nos hace libres y sobre todo muy poderosos.

Todo está en orden divino y va según el plan.

Confío en el proceso de la vida y en el bien

Confío en mi

Solo creo en lo bueno

Solo acepto lo bueno

El amor divino todo lo prevé y ahora todo lo suple abundantemente

No hay ausencia de vida, sustancia o inteligencia, por lo que no hay escasez de vida, sustancia, sabiduría o inteligencia.

A pesar de las crisis, los impuestos, el desempleo o lo que sea que haya, puedo aumentar mis ingresos y estoy agradecido de estar en un estado de cambio y de traer cosas buenas a este mundo.

El poder divino es la mejor y más alta solución

Hoy es un gran día, lleno de milagros, regalos y amor.

El poder milagroso de Cristo está fluyendo hacia mí ahora y paso del éxito al éxito aún mayor.

Todo el poder reside solo en mi

Nada es tan exitoso como el pensamiento enfocado y exitoso

Ahora me veo caminando de milagros a más milagros en mi vida.

Mis ángeles caminan delante de mí y hacen mi camino fácil, agradable y alegre.

Vivo una vida maravillosa

Soy querido/a y amado/a

Acepto con gratitud

Estoy subiendo

Estoy subiendo, soy más de lo que creo.
Tengo todo el poder y la fuerza del mundo

Cada día se vuelve mejor, más fácil y más
hermoso.

Soy uno con el bien infinito

Mi entorno brilla con una belleza deslumbrante, una riqueza deslumbrante y un bien deslumbrante.

Mi destino es tener y vivir el éxito y el amor

Firme, constante y persistente, sigo hasta que lo bueno entra en juego

Te agradezco todos los días por el satisfactorio cumplimiento de mis sueños.

No hay crítica ni juicio para mí, en mí o en mi contra, porque el amor divino ahora neutraliza todo

Me esperan días buenos, y días ricos

Soy guiado/a, curado/a, enriquecido/a y bendecido/a

Agradezco que la paz, la salud, la abundancia y la felicidad se expresen ahora en mí y en mi mundo.

Mi alma, mi cuerpo y todos mis asuntos expresan ahora mi pensamiento positivo y mi gran fuerza.

Ahora estoy rodeado de maravillosos amigos con quienes pasar mi precioso tiempo

Triunfo en todo lo que hago

Me dejo cuidar y me cuido

Ahora estoy empezando a vivir mis sueños

Dejo ir todos los miedos y confío en el
proceso de la vida

Sé que la vida es para mí. Me paro erguido y
derecho en el poder del amor

Estoy saludable

Estoy curado/a

Yo estoy feliz

Soy afortunado/a

Soy querido/a

Soy una ganadora
Soy un ganador

Soy valioso/a

Estoy lleno/a de dignidad

Soy bienvenido/a

Me reconozco

Estoy orgulloso/a

Soy valioso/a y merezco cosas buenas

Puedo hacer mucho y estoy feliz de demostrarlo.

Soy una persona de SÍ y vivo en un universo de SÍ

El universo siempre me ayuda

Soy divina/o, íntegra/o y perfecta/o, fuerte, independiente, adorable, armoniosa/o y feliz.

Puedo ser lo que quiero ser

Soy el amor divino que llena todo el universo

Este es un buen día, un muy buen día.

Mi cuerpo es mi amigo, escucho lo que me dice

Mi cuerpo está lleno de luz estelar, es pura conciencia en la que vibra la alegría

Siempre tengo suficiente tiempo, puedo hacer cualquier cosa

Amo a todas las personas y todas las personas me aman

Soy una estrella brillante en este mundo

Yo soy la luz de este mundo

Me rodeo de la luz blanca de lo positivo para estar a salvo y lo estoy

Sé que hacer porque sigo mi sabiduría interior

Exactamente HOY vivo lleno/a de alegría, deleite y tranquilidad

Los milagros llenan mi vida ahora

Gracias por estar ahí y hacer de tu vida una obra maestra. El mayor poder reside en el presente, no en el pasado ni en el futuro.

Solo en el hoy puedes corregir y sanar formas de pensar incorrectas. Las afirmaciones / los encantamientos son como señales que te mantienen en el enfoque correcto y positivo.

Nunca te rindas, controla lo que quieres pensar y sé lo que eres.

Eres lo bueno, lleno de amor, valor y fuerza.

Confío en que este libro sea tu nuevo comienzo para una vida plena, equilibrada y alegre.

Deja que el final de este libro sea el comienzo de su nueva vida y confíe en sus pensamientos, sentimientos, acciones y resultados recién activados.

¡Solo te deseo lo mejor porque eres lo mejor!

Con amor tu Nadine